50 Clásicos Reconfortantes: Recetas Reimaginadas

Por: Kelly Johnson

Table of Contents

- Macarrones con queso y trufa
- Pastel de carne con base de coliflor
- Pastel de pollo vegano
- Sándwich de queso a la plancha con kimchi
- Lasaña de camote
- Puré de papas con langosta
- Albóndigas de quinoa
- Stroganoff de champiñones
- Carbonara con espaguetis de calabaza
- Bocados de coliflor estilo búfalo
- Sopa de tomate con leche de coco
- Sándwiches de "cerdo" desmenuzado con jackfruit
- Wrap de aguacate con tocino y lechuga
- Pollo Alfredo sin gluten
- Sándwich de atún de garbanzos
- Pad Thai con fideos de calabacín
- Pimientos rellenos de pavo y espinaca

- Sloppy Joes de lentejas BBQ
- Chili con macarrones vegano
- Ñoquis de camote con mantequilla de salvia
- Pollo con waffles al aire
- Ziti horneado vegano
- Cazuela de brócoli y coliflor con queso
- Parmesana de berenjena con pesto
- Hamburguesa de bisonte con cebolla caramelizada
- Enchiladas de frijoles negros picantes
- Ravioles de calabaza
- Puré de papas con yogur griego
- Tiras de pollo empanizadas con almendra
- Sopa de kale con frijoles blancos
- Torre de panqueques sin gluten
- Pan de maíz vegano con chili
- Muslos de pollo asados al ajo y limón
- Camarones con sémola y mantequilla cajún
- Pasta horneada de espinaca y alcachofa
- Risotto de maíz dulce

- Pollo al curry con vegetales y leche de coco
- Falafel al horno con salsa de ajo
- Berenjenas rellenas de quinoa
- Palitos de mozzarella al aire
- Sándwich de desayuno con "tocino" de zanahoria
- Boloñesa de lentejas
- Pollo parmesano bajo en carbohidratos
- Tallarines con mantequilla de maní al estilo tailandés
- Sándwich de queso derretido con tomate y albahaca
- Albóndigas con vegetales
- Pasta con salsa Alfredo de coliflor
- Galletas veganas con salsa de champiñones
- Galletas con chispas de chocolate y aceite de coco
- Pastelito de avena y plátano en taza

Macarrones con queso y trufa

Ingredientes:

- 250 g de macarrones
- 2 tazas de queso cheddar rallado
- 1 taza de leche
- 2 cucharadas de mantequilla
- 1 cucharada de harina
- 1 cucharadita de aceite de trufa
- Sal y pimienta al gusto

Preparación:

1. Cocina los macarrones según las instrucciones.
2. En una olla, derrite la mantequilla y añade la harina. Cocina 1 minuto.
3. Añade la leche lentamente, removiendo hasta que espese.
4. Incorpora el queso, mezcla hasta derretir.
5. Agrega el aceite de trufa, sal y pimienta.
6. Mezcla con los macarrones cocidos y sirve caliente.

Pastel de carne con base de coliflor

Ingredientes:

- 500 g de carne molida
- 1 cebolla picada
- 2 dientes de ajo
- 1 zanahoria rallada
- 1 taza de puré de tomate
- 1 coliflor grande
- 1/4 taza de leche
- 2 cucharadas de mantequilla
- Sal, pimienta y especias al gusto

Preparación:

1. Cocina la carne con cebolla, ajo y zanahoria. Añade puré de tomate y condimenta.
2. Cocina la coliflor al vapor, tritura con leche y mantequilla hasta hacer puré.
3. En una fuente, coloca la carne y cubre con el puré.
4. Hornea a 180 °C por 20 minutos o hasta dorar.

Pastel de pollo vegano

Ingredientes:

- 2 tazas de proteína vegetal texturizada o tofu
- 1 zanahoria picada
- 1/2 taza de arvejas
- 1 taza de caldo vegetal
- 1 cebolla picada
- 2 cucharadas de harina
- 1 cucharada de aceite de oliva
- Masa vegana para pastel

Preparación:

1. Saltea la cebolla, zanahoria y arvejas. Añade la proteína vegetal.
2. Espolvorea la harina y añade el caldo. Cocina hasta espesar.
3. Coloca en un molde con masa y cubre con más masa.
4. Hornea a 180 °C por 25–30 minutos.

Sándwich de queso a la plancha con kimchi

Ingredientes:

- 2 rebanadas de pan
- 2 lonchas de queso (cheddar o mozzarella)
- 1/4 taza de kimchi picado
- Mantequilla al gusto

Preparación:

1. Unta mantequilla por fuera del pan.
2. Coloca el queso y el kimchi en el interior.
3. Cocina en sartén a fuego medio hasta dorar ambos lados y derretir el queso.

Lasaña de camote

Ingredientes:

- 2 camotes grandes en rodajas finas
- 500 g de carne molida o sustituto vegetal
- 1 taza de salsa de tomate
- 1 taza de queso rallado
- 1 cebolla, ajo, especias al gusto

Preparación:

1. Cocina la carne con cebolla y salsa.
2. En una fuente, alterna capas de camote, salsa y queso.
3. Hornea a 180 °C por 35–40 minutos.

Puré de papas con langosta

Ingredientes:

- 4 papas grandes
- 200 g de carne de langosta cocida y troceada
- 1/2 taza de crema
- 2 cucharadas de mantequilla
- Sal y pimienta al gusto

Preparación:

1. Cocina y tritura las papas con crema y mantequilla.
2. Incorpora la langosta al final y mezcla suavemente.
3. Sirve caliente como acompañamiento o plato principal.

Albóndigas de quinoa

Ingredientes:

- 1 taza de quinoa cocida
- 1/2 taza de zanahoria rallada
- 1/4 taza de pan rallado
- 1 huevo (o sustituto vegano)
- Especias al gusto (ajo, comino, sal, pimienta)

Preparación:

1. Mezcla todos los ingredientes hasta formar una masa.
2. Forma albóndigas y hornea o fríe hasta dorar.
3. Sirve con salsa de tomate o yogur.

Stroganoff de champiñones

Ingredientes:

- 300 g de champiñones en láminas
- 1 cebolla picada
- 1 diente de ajo
- 1/2 taza de crema agria o vegana
- 1 cucharadita de mostaza
- Sal y pimienta al gusto

Preparación:

1. Saltea la cebolla y ajo, luego añade los champiñones.
2. Cocina hasta que suelten agua y estén dorados.
3. Agrega mostaza y crema. Cocina a fuego bajo 5 minutos.
4. Sirve con arroz o pasta.

Carbonara con espaguetis de calabaza

Ingredientes:

- 2 tazas de espaguetis de calabaza (espiralizados)
- 2 huevos
- 1/2 taza de queso parmesano rallado
- 1/4 taza de tocino (o tofu ahumado)
- Sal y pimienta

Preparación:

1. Cocina el tocino hasta dorar.
2. Bate los huevos con el queso.
3. Saltea la calabaza por 3-4 minutos.
4. Retira del fuego, añade la mezcla de huevo y remueve rápidamente.
5. Agrega el tocino y sirve inmediatamente.

Bocados de coliflor estilo búfalo

Ingredientes:

- 1 coliflor en floretes
- 1/2 taza de harina
- 1/2 taza de agua
- 1 cucharadita de ajo en polvo
- 1 taza de salsa búfalo
- 1 cucharada de aceite de oliva

Preparación:

1. Mezcla la harina, agua y ajo en polvo.
2. Cubre los floretes de coliflor con la mezcla y hornea a 200 °C por 20 minutos.
3. Saca del horno, cubre con salsa búfalo y hornea 10 minutos más.
4. Sirve con aderezo de yogur o de queso azul.

Sopa de tomate con leche de coco

Ingredientes:

- 1 lata de tomates triturados
- 1 taza de leche de coco
- 1 cebolla picada
- 2 dientes de ajo
- 1 cucharada de aceite de oliva
- Sal, pimienta y albahaca al gusto

Preparación:

1. Saltea cebolla y ajo.
2. Añade los tomates y cocina 10 minutos.
3. Incorpora la leche de coco, salpimenta y licúa.
4. Cocina 5 minutos más antes de servir.

Sándwiches de "cerdo" desmenuzado con jackfruit

Ingredientes:

- 1 lata de jackfruit en agua o salmuera
- 1/2 cebolla picada
- 1/2 taza de salsa BBQ
- 1 cucharadita de pimentón
- Pan de hamburguesa (opcional: sin gluten)

Preparación:

1. Desmenuza el jackfruit y saltea con cebolla.
2. Añade salsa BBQ y cocina a fuego medio 15 minutos.
3. Sirve en pan con ensalada de col o pepinillos.

Wrap de aguacate con tocino y lechuga

Ingredientes:

- 1 tortilla (opcional sin gluten o lechuga grande para versión low-carb)
- 1 aguacate en rodajas
- 2 tiras de tocino crujiente
- Hojas de lechuga
- Tomate en rodajas (opcional)
- Salsa de yogur o mayonesa

Preparación:

1. Coloca los ingredientes sobre la tortilla.
2. Añade la salsa al gusto.
3. Enrolla y sirve.

Pollo Alfredo sin gluten

Ingredientes:

- 2 pechugas de pollo
- 1 taza de crema sin gluten
- 1/2 taza de queso parmesano
- 2 dientes de ajo
- Fideos sin gluten (arroz, lenteja, etc.)
- Sal, pimienta y perejil

Preparación:

1. Cocina el pollo y corta en tiras.
2. Saltea ajo, añade crema y parmesano.
3. Cocina la pasta sin gluten y mezcla todo.
4. Decora con perejil y sirve caliente.

Sándwich de atún de garbanzos

Ingredientes:

- 1 taza de garbanzos cocidos
- 1 cucharadita de mostaza
- 2 cucharadas de mayonesa vegana
- 1 cucharadita de jugo de limón
- Sal, pimienta, apio y cebolla picada

Preparación:

1. Tritura los garbanzos con tenedor.
2. Mezcla con los demás ingredientes.
3. Sirve en pan, lechuga o wraps.

Pad Thai con fideos de calabacín

Ingredientes:

- 2 calabacines en espiral
- 1 huevo
- 1/2 taza de tofu o pollo
- 2 cucharadas de salsa de soya (tamari para versión sin gluten)
- 1 cucharada de mantequilla de maní
- Cacahuates y brotes de soya

Preparación:

1. Cocina el tofu o pollo.
2. Agrega el huevo y revuelve.
3. Añade los fideos de calabacín, salsa de soya y mantequilla de maní.
4. Sirve con cacahuates y brotes.

Pimientos rellenos de pavo y espinaca

Ingredientes:

- 4 pimientos grandes
- 300 g de pavo molido
- 1 taza de espinacas picadas
- 1/2 taza de tomate triturado
- 1 cebolla picada
- Queso rallado (opcional)

Preparación:

1. Saltea el pavo con cebolla y espinaca. Añade tomate y cocina.
2. Rellena los pimientos con la mezcla.
3. Cubre con queso y hornea 25 minutos a 180 °C.

Sloppy Joes de lentejas BBQ

Ingredientes:

- 1 taza de lentejas cocidas
- 1/2 cebolla
- 1/2 taza de salsa BBQ
- 1 cucharada de aceite
- Pan sin gluten (opcional)

Preparación:

1. Saltea la cebolla.
2. Añade las lentejas y la salsa. Cocina 10 minutos.
3. Sirve caliente en pan o sobre lechuga.

Chili con macarrones vegano

Ingredientes:

- 1 taza de macarrones (pueden ser sin gluten)
- 1 taza de frijoles negros cocidos
- 1 taza de tomates triturados
- 1/2 cebolla picada
- 1 diente de ajo
- 1 cucharadita de comino
- 1/2 cucharadita de pimentón ahumado
- Sal, pimienta y aceite de oliva

Preparación:

1. Cocina los macarrones y reserva.
2. En una sartén, sofríe la cebolla y el ajo.
3. Añade los tomates, frijoles y especias. Cocina 10 minutos.
4. Mezcla con los macarrones y sirve caliente.

Ñoquis de camote con mantequilla de salvia

Ingredientes:

- 1 taza de puré de camote
- 1 taza de harina (más si es necesario)
- 1 huevo (opcional)
- 2 cucharadas de mantequilla
- Hojas de salvia fresca
- Sal

Preparación:

1. Mezcla camote, harina y huevo hasta formar una masa suave.
2. Haz tiras, corta en piezas y forma los ñoquis.
3. Cocina en agua hirviendo hasta que floten.
4. Derrite mantequilla con salvia y saltea los ñoquis brevemente. Sirve.

Pollo con waffles al aire

Ingredientes:

- 2 piezas de pollo (muslos o pechugas)
- Condimentos: sal, pimienta, pimentón
- 1 taza de mezcla para waffles (puede ser sin gluten)
- 1 huevo y 3/4 taza de leche
- Aceite en spray

Preparación:

1. Sazona el pollo y cocínalo en freidora de aire a 190 °C por 20-25 minutos.
2. Prepara la mezcla y cocina los waffles.
3. Sirve el pollo caliente sobre los waffles con miel o salsa picante.

Ziti horneado vegano

Ingredientes:

- 1 taza de pasta tipo ziti
- 1 taza de salsa de tomate
- 1/2 taza de queso vegano rallado
- 1/2 taza de tofu triturado o lentejas
- Albahaca, sal, pimienta

Preparación:

1. Cocina la pasta y mezcla con la salsa y el tofu.
2. Coloca en un molde y cubre con queso vegano.
3. Hornea a 180 °C por 15-20 minutos.

Cazuela de brócoli y coliflor con queso

Ingredientes:

- 1 taza de brócoli
- 1 taza de coliflor
- 1 taza de queso rallado
- 1/2 taza de crema
- Sal, pimienta y nuez moscada

Preparación:

1. Cocina al vapor el brócoli y coliflor.
2. Mezcla con crema y condimentos.
3. Coloca en un molde y cubre con queso.
4. Hornea a 180 °C por 20 minutos.

Parmesana de berenjena con pesto

Ingredientes:

- 1 berenjena en rodajas
- 1 taza de salsa de tomate
- 1/2 taza de queso parmesano o vegano
- 1/4 taza de pesto
- Sal, pimienta y aceite

Preparación:

1. Asa las rodajas de berenjena al horno o sartén.
2. En un molde, alterna capas de berenjena, salsa, queso y pesto.
3. Hornea 20 minutos a 180 °C.

Hamburguesa de bisonte con cebolla caramelizada

Ingredientes:

- 200 g de carne de bisonte
- 1 cebolla en rodajas
- 1 cucharada de azúcar moreno
- Pan de hamburguesa
- Lechuga y tomate al gusto
- Sal, pimienta

Preparación:

1. Forma la hamburguesa y cocina en sartén o parrilla.
2. Carameliza la cebolla con azúcar a fuego lento.
3. Sirve en pan con vegetales y cebolla encima.

Enchiladas de frijoles negros picantes

Ingredientes:

- 6 tortillas
- 1 taza de frijoles negros
- 1/2 taza de salsa picante o enchilada
- 1/2 cebolla
- Queso vegano (opcional)

Preparación:

1. Saltea cebolla y mezcla con frijoles y un poco de salsa.
2. Rellena las tortillas y enróllalas.
3. Coloca en un molde, cubre con salsa y queso.
4. Hornea 15 minutos a 180 °C.

Ravioles de calabaza

Ingredientes:

- 200 g de puré de calabaza
- 1/2 taza de queso ricotta o tofu prensado
- Nuez moscada, sal y pimienta
- Masa para ravioles (puede ser sin gluten)

Preparación:

1. Mezcla el puré de calabaza con el queso y los condimentos.
2. Rellena la masa y forma los ravioles.
3. Cocina en agua hirviendo hasta que floten.
4. Sirve con mantequilla derretida y salvia, o salsa al gusto.

Puré de papas con yogur griego

Ingredientes:

- 3 papas grandes
- 1/2 taza de yogur griego natural
- Sal, pimienta y ajo en polvo

Preparación:

1. Cocina las papas, pélalas y tritúralas.
2. Agrega el yogur y mezcla bien.
3. Ajusta de sal y pimienta al gusto. Sirve caliente.

Tiras de pollo empanizadas con almendra

Ingredientes:

- Pechuga de pollo en tiras
- 1 huevo
- 1 taza de harina de almendra
- Sal, ajo en polvo y paprika

Preparación:

1. Pasa las tiras de pollo por huevo y luego por la mezcla de harina y especias.
2. Hornea a 200 °C por 20-25 minutos o fríe en sartén con poco aceite.

Sopa de kale con frijoles blancos

Ingredientes:

- 1 taza de kale (col rizada) picada
- 1 taza de frijoles blancos cocidos
- 1 zanahoria y 1 cebolla picadas
- 1 diente de ajo
- Caldo de verduras
- Sal, pimienta y tomillo

Preparación:

1. Sofríe ajo, cebolla y zanahoria.
2. Añade el caldo, frijoles y kale.
3. Cocina 15 minutos y sirve caliente.

Torre de panqueques sin gluten

Ingredientes:

- 1 taza de harina sin gluten
- 1 huevo
- 3/4 taza de leche vegetal
- 1 cucharadita de polvo de hornear
- Miel o fruta para acompañar

Preparación:

1. Mezcla todos los ingredientes hasta tener una masa suave.
2. Cocina en sartén caliente por ambos lados.
3. Apila los panqueques y decora al gusto.

Pan de maíz vegano con chili

Ingredientes para el pan:

- 1 taza de harina de maíz
- 1/2 taza de harina normal o sin gluten
- 1 cucharadita de polvo de hornear
- 1 taza de leche vegetal
- 2 cucharadas de aceite
- Sal y azúcar al gusto

Preparación:

1. Mezcla los ingredientes y hornea a 180 °C por 25 minutos.
2. Sirve acompañado de chili vegano.

Muslos de pollo asados al ajo y limón

Ingredientes:

- 4 muslos de pollo
- 2 dientes de ajo picados
- Jugo de 1 limón
- Romero, sal, pimienta y aceite de oliva

Preparación:

1. Marina los muslos con ajo, limón y especias.
2. Asa en horno a 200 °C por 40 minutos o hasta dorar.

Camarones con sémola y mantequilla cajún

Ingredientes:

- 1 taza de sémola de maíz (grits)
- 200 g de camarones
- 1 cucharadita de condimento cajún
- 2 cucharadas de mantequilla
- Sal y ajo en polvo

Preparación:

1. Cocina la sémola según instrucciones.
2. Saltea los camarones con mantequilla y especias.
3. Sirve los camarones sobre la sémola caliente.

Pasta horneada de espinaca y alcachofa

Ingredientes:

- 200 g de pasta cocida
- 1 taza de espinaca picada
- 1 taza de corazones de alcachofa
- 1/2 taza de queso crema o vegano
- 1/2 taza de queso rallado
- Sal, pimienta y ajo en polvo

Preparación:

1. Mezcla todos los ingredientes con la pasta.
2. Coloca en un molde y cubre con queso.
3. Hornea 20 minutos a 180 °C.

Risotto de maíz dulce

Ingredientes:

- 1 taza de arroz arborio
- 1 taza de granos de maíz dulce
- 1/2 cebolla picada
- 3 tazas de caldo de verduras caliente
- 2 cucharadas de mantequilla o aceite
- Queso parmesano al gusto (opcional)
- Sal y pimienta

Preparación:

1. Sofríe la cebolla en mantequilla hasta que esté transparente.
2. Añade el arroz y cocina un minuto.
3. Agrega el caldo poco a poco, revolviendo constantemente.
4. A mitad de cocción, incorpora el maíz.
5. Cocina hasta que el arroz esté cremoso.
6. Añade parmesano si deseas y ajusta de sal.

Pollo al curry con vegetales y leche de coco

Ingredientes:

- 300 g de pechuga de pollo en trozos
- 1 taza de brócoli y zanahorias picadas
- 1 lata de leche de coco
- 2 cucharadas de pasta de curry
- Sal y aceite de coco

Preparación:

1. Sofríe el pollo hasta dorar.
2. Añade los vegetales y cocina 5 minutos.
3. Incorpora la pasta de curry y la leche de coco.
4. Cocina a fuego lento 10 minutos.
5. Sirve caliente con arroz o coliflor rallada.

Falafel al horno con salsa de ajo

Ingredientes:

- 1 taza de garbanzos cocidos
- 1/2 cebolla
- 1 diente de ajo
- Perejil, comino, sal y pimienta
- 1 cucharada de harina
- Para la salsa: yogur + ajo picado + jugo de limón

Preparación:

1. Procesa todos los ingredientes del falafel.
2. Forma bolitas o discos.
3. Hornea a 200 °C por 25 minutos.
4. Mezcla los ingredientes de la salsa y sirve.

Berenjenas rellenas de quinoa

Ingredientes:

- 2 berenjenas
- 1 taza de quinoa cocida
- Tomate, cebolla y ajo picados
- Queso rallado o levadura nutricional
- Sal, pimienta y aceite de oliva

Preparación:

1. Parte las berenjenas a la mitad y retira parte de la pulpa.
2. Sofríe la pulpa con los demás ingredientes.
3. Rellena las mitades y espolvorea queso.
4. Hornea 30 minutos a 180 °C.

Palitos de mozzarella al aire

Ingredientes:

- 8 palitos de queso mozzarella
- 1 huevo batido
- Harina de almendra y especias
- Spray de aceite

Preparación:

1. Reboza los palitos en huevo y luego en la mezcla seca.
2. Congela 10 minutos.
3. Cocina en air fryer 6–8 minutos a 200 °C hasta dorar.

Sándwich de desayuno con "tocino" de zanahoria

Ingredientes:

- 1 zanahoria en tiras finas
- Salsa de soya, jarabe de arce y pimentón ahumado
- Pan integral o sin gluten
- Huevo o tofu, espinacas y aguacate

Preparación:

1. Marina las tiras de zanahoria 15 minutos y hornea o fríe.
2. Prepara un huevo o tofu revuelto.
3. Arma el sándwich con todos los ingredientes.

Boloñesa de lentejas

Ingredientes:

- 1 taza de lentejas cocidas
- 1 lata de tomate triturado
- Cebolla, ajo y zanahoria picados
- Orégano, sal y pimienta

Preparación:

1. Sofríe la cebolla, ajo y zanahoria.
2. Añade el tomate y lentejas.
3. Cocina 15–20 minutos a fuego lento.
4. Sirve sobre pasta o espaguetis de calabacín.

Pollo parmesano bajo en carbohidratos

Ingredientes:

- 2 pechugas de pollo
- Harina de almendra y queso parmesano rallado
- 1 huevo
- Salsa de tomate sin azúcar
- Mozzarella

Preparación:

1. Empaniza el pollo con huevo, luego mezcla de almendra y parmesano.
2. Hornea 20 minutos a 200 °C.
3. Agrega salsa y mozzarella y hornea 10 minutos más.

Tallarines con mantequilla de maní al estilo tailandés

Ingredientes:

- 200 g de tallarines (normales o de arroz)
- 2 cucharadas de mantequilla de maní
- 1 cucharada de salsa de soya
- 1 cucharadita de jengibre rallado
- Jugo de lima y chile al gusto
- Cacahuates y cebollino para decorar

Preparación:

1. Cocina los fideos y escurre.
2. Mezcla los ingredientes de la salsa.
3. Combina con los fideos y decora con cacahuates.

Sándwich de queso derretido con tomate y albahaca

Ingredientes:

- 2 rebanadas de pan integral o sin gluten
- 2-3 rodajas de tomate
- 2 rebanadas de queso mozzarella
- Hojas frescas de albahaca
- Mantequilla o aceite para dorar

Preparación:

1. Coloca el queso, tomate y albahaca entre las rebanadas de pan.
2. Unta un poco de mantequilla por fuera.
3. Cocina en sartén a fuego medio hasta que el pan esté dorado y el queso derretido.

Albóndigas con vegetales

Ingredientes:

- 300 g de carne molida (o sustituto vegetal)
- 1/2 cebolla picada
- 1 zanahoria rallada
- 1 calabacín rallado
- 1 huevo o sustituto
- Sal, pimienta, especias al gusto

Preparación:

1. Mezcla todos los ingredientes en un tazón.
2. Forma albóndigas y colócalas en una bandeja.
3. Hornea a 200 °C por 20–25 minutos o cocina en sartén.

Pasta con salsa Alfredo de coliflor

Ingredientes:

- 200 g de pasta (tradicional o sin gluten)
- 1 taza de coliflor cocida
- 1/2 taza de leche vegetal o normal
- 1 diente de ajo
- 2 cucharadas de levadura nutricional o queso rallado
- Sal y pimienta

Preparación:

1. Cocina la pasta y reserva.
2. Licúa la coliflor con el ajo, leche, levadura, sal y pimienta.
3. Calienta la salsa y mezcla con la pasta.

Galletas veganas con salsa de champiñones

Ingredientes (galletas):

- 1 taza de harina de avena
- 1/2 taza de leche vegetal
- 1 cucharada de aceite de coco
- 1 cucharadita de polvo de hornear
- Sal

Salsa de champiñones:

- 1 taza de champiñones picados
- 1/2 cebolla
- 1 taza de leche vegetal
- 1 cucharada de harina
- Sal, pimienta y nuez moscada

Preparación:

1. Mezcla los ingredientes de las galletas y hornea a 180 °C por 15 minutos.
2. Para la salsa, sofríe cebolla y champiñones, añade harina, luego la leche y condimenta.
3. Sirve las galletas calientes con la salsa encima.

Galletas con chispas de chocolate y aceite de coco

Ingredientes:

- 1 taza de harina de avena o almendra
- 1/3 taza de aceite de coco derretido
- 1/4 taza de azúcar de coco o mascabado
- 1/2 taza de chispas de chocolate
- 1/2 cucharadita de vainilla
- 1 pizca de sal

Preparación:

1. Mezcla todos los ingredientes hasta formar una masa.
2. Forma bolitas y colócalas en una bandeja.
3. Hornea a 180 °C por 10–12 minutos.

Pastelito de avena y plátano en taza

Ingredientes:

- 1 plátano maduro
- 1/4 taza de avena
- 1 cucharada de mantequilla de maní (opcional)
- 1/2 cucharadita de polvo de hornear
- Canela al gusto

Preparación:

1. Tritura el plátano en una taza.
2. Agrega el resto de los ingredientes y mezcla bien.
3. Cocina en microondas por 1–2 minutos hasta que suba.